ईशावास्य उपनिषत्

शङ्करानन्द कृत ईसावास्य दीपिका

शङ्करानन्द स्वामी

क्रम-सूची

आमुख

भोग और अपवर्ग के अनुरूप व्यक्ति और वस्तु की उद्भावना का नाम बिकास है ।

एतावद् एव जिज्ञास्यं तत्त्व-जिज्ञासुनात्मनः ।
अन्वय-व्यतिरेकाभ्यां यत् स्यात् सर्वत्र सर्वदा ॥
मीमांसाश्लोकवार्त्तिकं
सुचरितमिश्रप्रणीतया
काशिकाख्यया टीकया समेतम् ।
(तृतीयो भागः)
प्रत्यक्षाव्यभिचारित्वादेवंलक्षणकं च यत् ।
प्रसिदध्दमनुमानादि न परीक्ष्यं तदप्यतः ॥ ५,४.१ ॥
अत्र भाष्यकारेण विज्ञानवादान्ते"अतो न व्यभिचरति प्रत्यक्षम्"इति प्रत्यक्षाव्यभिचारित्वमुपसंहृत्यऽनुमानं ज्ञातसम्बन्धस्येः त्यादिनानुमानलक्षणं प्रणीतम् ।
तस्य तात्पर्य दर्शयति-प्रत्यक्षेति ।
अयमर्थः ।
वृत्तिकारग्रन्थे हिऽतेन व्यभिचरति प्रत्यक्षम् ।
तत्पूर्ववकत्वाच्चानुमानाद्यपिः इति व्यभिचारात
प्रत्यक्षाव्यभिचारपूर्वकमनुमानादीनामपि परीक्ष्यत्वमुक्तम् ।
तत्र प्रत्यक्षाव्यभिचारित्वे प्रतिपादिते व्यभिचारिकरणप्रभवत्वेन तावद् व्यभिचारशङ्का प्रयुक्ता ।
यदि परं स्वरूपाश्रयो व्यभिचारः सम्भवति ।
सोऽपि वक्ष्यमाणलक्षणकेषु नाशङ्कनीय एव ।
न हि प्रतिबुद्धदृशः प्रतिबन्धकसंविदिवदितव्यभिचारः ।
सकलव्यवहारोच्छेदप्रसङ्गात् ।
एवमितरेष्वपि यथास्वमवसरे वक्ष्यामः ।
तस्मादनुमानाद्यपि लोकप्रसिद्धं न परीक्षितव्यमिति॥

इयं च सर्ववक्ष्यमाणप्रमाणलक्षणभाष्यतात्पर्यव्याख्या साधारणी वार्तिककारेण कृता ।

सर्ववक्ष्यमाणप्रमाणप्रपञ्चस्य हीदमेव साधारणं स्थानम् ।

अनेन च श्लोकेन समर्थितारम्भावसरः प्रपञ्चो विशेषतो व्याख्यास्यत इति ।

तदेतदुक्तं भवति ।

नात्र नैयायिकादिवदलौकिकं प्रमाणानां स्वरूपमुपदर्शयितुं लक्षणानि प्रणीतानि ।

लोकप्रसिद्धप्रमा(णा) व्यभिचारित्वान्मीमांसकानाम् ।

किन्तु शङ्कितव्यभिचारापादितपरीक्षाप्रत्याख्यावनार्थं लोकप्रसिद्धमेव स्वरूपमुपदर्श्यते ।

अतो नप्रमाणलक्षणे सङ्गतिः प्रत्यक्षादिलक्षणस्याशङ्कितव्येति ॥१॥ इदानीं लक्षणभाष्यव्याख्यानावसरे प्राथम्यादनुमानलक्षणमनुसन्धास्यति ।

तत्र चऽज्ञातसम्बन्धस्येऽत्युच्यते ।

तत्र न विद्मः को ज्ञातसम्बन्धसमासार्थ इति ।

न तावत् पुरुषः सम्बन्धी समुदायो वा ।

अनुपादानात् ।

न ह्यनुपात्तान्यपदार्थको बहुव्रीहिर्भवति ।

ननु बुद्धिसम्बन्धोपस्थापितः पुरुषः समुदायिद्वयाक्षिप्तः समुदायो वा विशेष्यते ।

बुद्धिर्हि स्वशब्दादवगता तद्वन्तमन्तरेणात्मानमलभमानोपस्थापयति स्वाश्रयमिति नानुपादानदोषः ।

नैतदेवम् ।

गम्यमानस्याविशेषात् ।

न खलु धूमशब्दार्थाविनाभावादवगतोऽग्निर्ज्वलतीति विशेष्यते ।

वक्ष्यति च-

गम्यमानस्य चार्थस्य नैव दृष्टं विशेषणम् ।

इति ।

स्यान्मतम् ।

सत्यम् ।

अनुपात्तं न विशेष्यते ।

उपात्त एव त्विह सम्बन्धी ।

तथाहि अयमत्र पदान्वयः ।

अनुमानमेकदेशदर्शनादेकदेशान्तरे बुद्धिरिति ।

अतः कस्यैगदेशस्येत्याकाङ्क्षायां स एवैकदेशो ज्ञातसम्बन्धस्येति विशेष्यते ।

ननु दर्शनोपसर्जनत्वादेकदेशो न विशेषणमर्हति ।

न ह्युपसर्जनं पदं पदान्तरेण सम्बध्यते ।

न हि भवति पुरुषं प्रत्युपसर्जनीभूतस्य राज्ञः ऋद्धस्य राजपुरुष इति विशेषणम् ।

उच्यते ।

कनोपसर्जनत्वदसम्बन्धः ।

क आकाङ्क्षितं हि पूरणसमर्थमुपसर्जनेनापि सम्बध्यत एव ।

अत्रैकदेशदर्शनादित्युक्तेऽस्ति कस्यैकदेशस्येत्याकाङ्क्षा ।

अर्थसम्बन्धेऽप्याकाङ्क्षैव हेतुः ।

उपसर्जनसंज्ञा तु "उपसर्जनं पूर्वम्(२-२-३०) इति ।

पूर्वप्रयोगसिद्ध्यर्थैव ।

अत एव हि कस्य गुरुकुलमिति व्यवहारोपपत्तिः ।

तत्र हि कुलोपसर्जनस्यैव गुरोः कस्येति विशेषणम् ।

अपि च दर्शनक्रियाकर्मणो दृश्यस्यैकदेशस्य प्राधान्यमप्राधनस्य सापेक्षस्यापि पदान्तरेण सम्बन्धो दृष्टः , यथा राजपुरुषऽशोभन इति ।

अत उपपन्नं ज्ञातसम्बन्धस्यैकदेशदर्शनादिति ।

नोपपन्नम् ।

उक्तं हि गुरुणैव-"नोपसर्जनं पदं प

1

अथ शंकरानन्दकृत ईशावास्य दीपिका

ॐ ईशावास्यादयो मंत्रा विनियुक्ता न कर्मणि ।
प्रमाणाभावतस्तेषां कुर्वे व्याख्यामकर्मणाम् ॥ १ ॥

ॐ ईशावास्यादि जो मंत्र हैं, वे कर्म में विनियुक्त नहिँ हैं । प्रमाण के अभाव होने के हेतुसे । उन अकर्म परक (मन्त्रों) का में (शङ्करानन्दजी) व्याख्या कर रहा हुँ ।

ईशा वास्यमिदं सर्वं यत्किं च जगत्यां जगत् ।
तेन त्यक्तेन भुञ्जीथा मा गृधः कस्य स्विद्धनम् ॥ १ ॥

ईशा ईष्ट इतीट् ईश्वर आनन्दात्मा तेन वास्यमाच्छादनीयं निवासयोग्यं चेदं विविधप्रत्ययगम्यं सर्वं निखिलम् । सर्वशब्दार्थमाह-यत्किंच यत्किञ्चित्भूतभौतिकं जगत्यां ब्रह्माण्डकटाहभूमौ जगच्चेतनात्मकमीश्वर एवेदमिति बुद्धिः करणीयेत्यर्थः । तद्बुद्ध्युत्पादे साधनमाह-तेन जगता त्यक्तेन तद्बुद्ध्या गृहीतेन भुञ्जीथा ईश्वरतत्त्वसाक्षात्कारलक्षणं भोजनं कुर्याः । जगद्बुद्धेरनुत्पादे सर्वसङ्गपरित्यागलक्षणमुपायमाह-मा गृधः, माभिलाषं कार्षीः । अभिलाषो हि विषयघटितो विषयाश्चानेके तेषामन्यतमपरित्याग उपायो माभूदित्येतदर्थमाह-कस्यस्विल्लोकद्वयस्यापि तत्र हेतुर्धनमभिलाषस्य विषयो यः कश्चन

धर्मोऽपि धनरूपः । धनं च हिरण्यादिकं सर्वक्लेशबीजं प्रसिद्धम् ॥ १ ॥

ईशा, अर्थात् जो ईशन (शासन) करता है, वह ईट् यानी ईश्वर, आनन्द स्वरूप आत्माके द्वारा वास्यम्, आच्छादन करने योग्य और निवास योग्य है इदं यह जो विविध ज्ञानों (शब्द, स्पर्श आदि) के द्वारा जाना जाता है, वह सर्वं निखिल (समग्र) जगत्। सर्व शब्द का अर्थ कहते हैं – यत्किं च जो कुछ भूत एवं भौतिक जगत्यां ब्रह्माण्डकटाह भूमिमें (भूलोक) है, यह जगत् चेतनात्मक ईश्वर ही है – ऐसी बुद्धि करनी चाहिये । वैसी बुद्धि की उत्पत्ति में साधन बतलाते हैं – तेन जगतको त्यक्तेन उस (त्याग) बुद्धि से ग्रहण करके भुञ्जीथाः ईश्वरत्व का साक्षात्कार जिससे लक्षित है, उस बुद्धिसे तुम्हें (अपना) पालन करना चाहिये । जगत् बुद्धि की उत्पत्ति केलिये समस्त संग परित्याग लक्षणरूप उपाय कहते हैं – मा गृधः, अभिलाषा नहिँ करनि चाहिये । क्यों की अभिलाषा विषय के द्वारा होती है, विषय भी अनेक हैं, उनका अत्यन्त परित्याग का उपाय नहिं हो सकता, इसलिये कहते हैं – कस्यस्वित् उनदोनों लोकों का भी कारण है, धनम् अभिलाषा का विषय जो कुछ भी धर्म है, वह धन रूप ही है । धन सोना आदि, समस्त क्लेशों के वीजरूप है – यह प्रसिद्ध भी है ॥ १ ॥

कुर्वन्नेवेह कर्माणि जिजीविषेच्छतं समाः ।

एवं त्वयि नान्यथेतोऽस्ति न कर्म लिप्यते नरे ॥ २ ॥

यस्त्वमुमुक्षुर्धनाभिलाषी नास्य त्यागेऽधिकार इति तं प्रति सकरुणा मातेव श्रुतिराह-कुर्वन्नेवेति । स्पष्टम् । इहास्मिन्कर्माधिकारे लोके कर्माणि नित्यान्यग्निहोत्रादीन्यन्यानि च जिजीविषेज्जीवितुमिच्छेच्छतं समाः। धने वैराग्याभावे यावदायुः शतसंवत्सरं न्यूनमधिकं वा ।कर्मणां करणे कारणमाह-एवं शतसंवत्सरं यथोक्तकर्मानुष्ठानवति त्वय्यधिकारिणि वर्तमाने धनविषयेऽपि वैराग्यं भविष्यतीति शेषः ।ननु यथा मुमुक्षोः कर्मपरित्यागेनैव पुरुषार्थसिद्धिस्तथाऽन्यस्यापि स्यादित्यत आह-नान्यथेतोऽस्ति । इतः स्ववर्णाश्रमोचितयथोक्तानुष्ठानादन्यप्रकारेण मुमुक्षोरिव पुरुषार्थो नास्ति । नानुतिष्ठामि विपरीतेनानुतिष्ठामीत्यध्यासेन प्रसभमुपचीयमानदुरितत्वात्तदनुष्ठाने च तन्न भवतीत्याह--नकर्म

विपरीतानुष्ठानरूपं लिप्यते न संवध्यते । कस्मिन्नरे यथोक्तकर्मानुष्ठानवति त्रैवर्णिकेऽधिकारिणि त्वयि । सूत्रभूतावेतौ मन्त्रौ । शिष्टमेतयोरेव व्याख्यानम् ॥२॥

पर जो अमुमुक्षु, धनकी अभिलाषा करनेवाला है, उस को त्याग में अधिकार नहिँ है, यह उनके लिये करुणाके साथ माता के जैसे श्रुति बतला रही है – कुर्वन्नेव। कुर्वन् का अर्थ 'करता हुआ' – यह स्पष्ट है। इह , इस लोकमें जहाँ कर्म करने का अधिकार प्राप्त है, कर्माणि नित्य, अग्निहोत्र तथा अन्य कर्मसमूहह को करते हुए जिजीविषेत् जीने केलिये ईच्छा करे शतं समाः सौ बर्षों तक । धनमें वैराग्यका अभाव होने पर जितने आयु – सौ बर्ष अथवा कुछ न्यून या अधिक । कर्मो को करने में कारण कहते हैं – एवं सौ वर्ष जैसे कहा गया वैसे कर्मों का अनुष्ठान करनेवाले त्वयि अधिकारी में ऐसे कर्म करने में प्रवृत्त होने पर धन के विषय में वैराग्य होगा – ऐसा जोडकर समझना चाहिए । प्रश्न उठता है की जैसे मुमुक्षु का कर्म परित्यागमें ही पुरुषार्थ सिद्धि होती है, वैसे अन्यों के भी हो ! ऐसे प्रश्न होने पर कहते हैं – नान्यथेतोऽस्ति । इससे, अपने वर्णाश्रम के उचित जैसे शास्त्रों में कहा गया वैसे अनुष्ठानसे, और मुमुक्षु केलिये जैसे बतलाया गया है, उस जैसेसे - भिन्न प्रकार के पुरुषार्थ नहिँ है । कर्मों का अनुष्ठान नहिँ करूंगा, बिपरीत रीतिसे अनुष्ठान करुङ्गा – ऐसे अध्याससे बलात् किये गये कर्मोंसे पाप होता है और उसके अनुष्ठान से वह (पाप) नहिँ होता है – इसलिये कहते हैं – न कर्म विपरीत अनुष्ठानरूप कर्म लिप्यते नहिँ संवन्धित होता है। किस नर में ? यथोचित कर्मानुष्ठान करने वाले त्रैवर्णिक अधिकारी त्वयि तुझ में । सूत्रभूत ये मन्त्र हैं । शिष्टों को यह व्याख्यान करनी चाहिये ॥२॥

असुर्या नाम ते लोका अन्धेन तमसा वृताः ।

तांस्ते प्रेत्याभिगच्छन्ति ये के चात्महनो जनाः ॥ ३ ॥

मा गृध इत्यादेव्याख्यानमनेन मन्त्रेण धनाभिलाषवतां कष्टसंसारमाप्तिरुच्यते--असुर्या नामासुरसंबन्धिनः प्रसिद्धास्ते धनाभिलाषवतामात्मज्ञानशून्यानां ये श्वसूकरादिदेहरूपास्ते लोकाः कर्मफलरूपा देहविशेषा अन्धेन तमसा क्लेशचतुष्टयानुविद्धेन पञ्चमेनान्धतामिस्रेणाहंममाभिनिवेशरूपेणाऽऽवृताः संवृताः ।

तानुक्ताँल्लोकास्ते धनाभिलाषेणेश्वरज्ञानशून्याः प्रेत्येदमधिकारिशरीरं
परित्यज्याभिगच्छन्ति सर्वतः प्राप्नुवन्ति । तच्छब्दार्थमाह-ये के
चाऽऽत्म-हन आत्मानमीशं सर्वतः परिपूर्णं चिदानन्दं परेण धनरूपेण
घ्नन्ति तिरस्कुर्वन्ति ये त आत्महन इदं सर्वमहमेवेति ज्ञानशून्या
इत्यर्थः। जनाः संसारचक्रे पुनः पुनः प्रादुर्भाववन्तः ॥ ३ ॥

मा गृध इत्यादिके व्याख्यानवाले इस मन्त्रसे धनाभिलाषीयोंके
कष्टकर संसार प्राप्ति कहते है - असुर्या नाम असुर संबन्धि प्रसिद्ध
जो धनाभिलाषी, आत्मज्ञानशून्य जो कुत्ता, सूअर आदि देहरूप वाले
हैं, वे लोकाः कर्मफलरूप देहविशेषवाले, अन्धेनतमसा चार प्रकारके
क्लेशों से अनुविद्ध होकर पांचवे अन्धतामिस्ररूप - अहंकार-ममकारमें
अभिनिवेश के रूपसे जो आवृत हैं, अच्छी प्रकारसे घिरे हुए हैं - तान् उक्त
(कहे गये) लोग ते वे जो धनाभिलाषी, ईश्वर के ज्ञानसे शून्य हैं, इस
अधिकारी-शरीरको प्रेत्य छोडकर अभिगच्छन्ति सभी और चले जाते हैं ।
तत् शब्द के अर्थ कह रहे हैं – ये के चाऽऽत्म-हनः जो कोई भी इस आत्मा
को 'ईश', अर्थात् जो सर्वतः परिपूर्ण चिदानन्द ईश्वरको अन्योंके धन के
रूपसे हिंसा करते हैं, तिरस्कार करते हैं – वे आत्महन्ता 'यह सब मैं ही
हुँ' इस ज्ञान से शून्य हैं। जनाः संसारचक्र में पुनः पुनः प्रादुर्भूत होनेवाले
लोग ॥३॥

अनेजदेकं मनसो जवीयो नैनद्देवा आप्नुवन्पूर्वमर्षत् ।
तद्धावतोऽन्यानत्येति तिष्ठ—तस्मिन्नपो मातरिश्वा दधाति ॥ ४
॥

ईट्शब्दार्थमाह-अनेजत् । कम्पनमकुर्वदनेन वायुप्राणौ निराकृतौ ।
एकं देहादिभेदेन भेदशून्यमिदमित्थं चेत्स्यान्मनसा प्राप्यमित्यत आह-
मनसोजवीयो मनसोऽपि वेगवत्तरम् । मनसा साक्षादनाप्यानामपि
रूपादीनांचक्षुरादिभिराप्यत्वदर्शनादिदमपि तथाऽस्तिवत्यत आह-
नैनदिति। नैनदीश्वरस्वरूपं देवाश्चक्षुरादय आप्नुवन्नधिगतवन्तो
मनसेन्द्रियैश्चानाप्यत्वेन । परिच्छेदशङ्कां प्राप्तां वारयति-पूर्व
प्रथममर्षद्गतवत्सर्वतो गतमित्यर्थः । सर्वतोगतत्वे हेतुः-
तदीश्वरस्वरूपं धावतो गतिं कुर्वतोऽन्यान्कालवाय्वादीनत्येत्यतीत्य
गच्छति। तह्यर्ष्वेव किंचिदतिवेगवदित्यत आह-तिष्ठद्गतिमकुर्वत् ।

इदानीमसाधारणलक्षणमाह-तस्मिन्सर्वगत एकस्मिन्मनसेन्द्रियैश्चाप्राप्ये सर्वाधिके गतिशून्ये निश्चलेऽपः कर्माण्यध्यात्माद्याश्रयाणि शरीरारम्भादिकारणानि मातरिश्वा मातर्याकाशेऽव्याकृते श्वसिति सत्तां प्राप्नोति सूत्रात्मा स जीवसर्गं यः स मातरिश्वा प्रथमं कार्यं ज्ञानक्रियाशक्तिरित्यर्थः । दधाति विधारयति सूत्रात्मजनकत्वेन जगत्कारणं भवतीत्यर्थः ॥ ४ ॥

ईट् शब्द का अर्थ कहते हैं - अनेजत् से । "कम्पन नहिं करता हुआ' कह कर वायु और प्राण का निराकरण करते हैं । एकम् देहादिके भेदसे जो भेदशून्य है, वह 'यह इस प्रकार है' – ऐसे जानने के योग्य हो ! अर्थात् मनसे प्राप्य हो ! कहते हैं - मनसोजवीयो मनसे भी अधिक वेगवान् है । अगर कहें के मनके द्वारा साक्षात् प्राप्त होने योग्य नहिं होने पर भी जैसे चक्षु आदिके द्वारा रूप आदि का ग्रहण होना देखा जाता है वैसे यह भी हो ! ऐसी शङ्का होनेपर कहते हैं – नैनद् । न हि यह ईश्वर स्वरूपको देवाः चक्षु आदि देवताएं आप्नुवन् जान सके, मनसे तथा इन्द्रियों से भी प्राप्त होने योग्य न होने के कारण । (इतनी शक्तिशाली होने पर भी यह ईश्वर देश, काल तथा वस्तु आदिके द्वारा परिच्छिन्न अनुभूत होता है !)परिच्छिन्नता की शङ्का प्राप्त होने पर उसका वारण करते हैं - पूर्वप्रथम (पहले से) अर्शद् पहुँचा हुआ अर्थात् सर्वतोगत , सर्वत्र गया हुआ - यह अर्थ है । सर्वतोगतत्वका कारण- तद् वह ईश्वर स्वरूप धावतो गति करता हुआ अन्यान् काल, वायु आदियोंको अत्येति अतिक्रमण कर चला जाता है। तो इनमें से ही कुछ अधिक वेगबान् ही होगा – इस पर कहते हैं – तिष्ठद् गति नहिं करता हुआ (सबका अतिक्रमण कर जाता है) । अब असाधारण लक्षण कह रहे हैं – तस्मिन् सर्वत्र पहुँचाहुआ उस एक, मन और इन्द्रियोंके द्वारा भी अप्राप्त, सर्वाधिक गतिशून्य तथा निश्चल तत्त्वमें, अपः सारे कर्म अर्थात् अध्यात्म आदि के आश्रय रूपी शरीरके आरम्भ आदि कारणोंको, मातरिश्वा – (मातरि श्वसिति) अव्याकृत आकाश में सत्ता प्राप्त करने वाला सूत्रात्मा अर्थात् जो सारी जीवसृष्टि है, वही 'मातरिश्वा' अर्थात् ज्ञानशक्ति और क्रियाशक्तिरूप जो प्रथम कार्य है, उसको दधातिधारण करता है अर्थात् सूत्रात्मा का जनक होते हुए जगत् का कारण होता है ॥ ४ ॥

तदेजति तन्नैजति तद्दूरे तद्वन्तिके ।
तदन्तरस्य सर्वस्य तदु सर्वस्यास्य बाह्यतः ॥ ५ ॥

एवं मूर्तामूर्तविलक्षणमीशशब्दार्थमुक्त्वा प्रथमपादार्थमाह-
तदीशस्वरूपमेजति मूर्तरूपेण कम्पते तदीश्वरस्वरूपं नैजति
नैजत्याकाशादिरूपेण तदीशस्वरूपं दूर एकस्य मूर्तस्यापेक्षया
मूर्तान्तरेण रूपेण तदु ईश्वरस्वरूपमेवान्तिके सर्वस्यापि समीपे ।
तदीश्वरस्वरूपमन्तमध्येऽस्य जगतः सर्वस्य निखिलस्य तदु
सर्वस्यास्य व्याख्यातं बाह्यतो बहिरपि ॥५॥

इसी प्रकार मूर्त तथा अमूर्त से विलक्षण ईश शब्द के अर्थ को कह
कर पहले पाद (ईशा वास्यमिदं सर्वं) के अर्थ को कह रहे हैं – तद्
वह ईश्वर स्वरूप एजति मूर्त रूपसे कम्पन करता है, तद् वहईश्वर
स्वरूप नैजति कम्पन नहिँ करता है, आकाशा आदि के रूपसे तद् वह
ईश स्वरूप दूरे एक मूर्त की अपेक्षा अन्य मूर्त के रूपमें (दूर में है),
तदु वही ईश्वर स्वरूप ही अन्तिके सबकी अपेक्षा समीप है । तद् वह
ईश्वरस्वरूप अन्तम्अस्य इस जगतके मध्यमें (तथा), सर्वस्य निखिल
तदुसर्वस्यास्यजो व्याख्यान किया जा चुका है, बाह्यतः उस (जगत्) के
बाहर भी स्थित है ॥५॥

यस्तु सर्वाणि भूतानि आत्मन्येवानुपश्यति ।
सर्वभूतेषु चात्मानं ततो न विजुगुप्सते ॥ ६ ॥

तृतीयपादार्थमाह-यस्तु । तुशब्दो जगद्दृष्टिनिवारणार्थः । यो
विरक्तो मुमुक्षुः सर्वाणि भूतानि स्पष्टम् । आत्मन्येवास्मिन्नीशस्वरूप
आनन्दात्मनि स्वयंज्योतिष्येव । आत्मेश्वरयोर्भेदनिवारणार्थ
एवकारोऽनुपश्यतीशा वास्यमित्यादिश्रवणानन्तरं मय्येवाध्यस्तानि
सर्वाणि भूतानीमानीति साक्षात्करोति । भूतान्यध्यस्तानि
निरात्मकान्यात्मनोऽत्यन्तभिन्नानीति शङ्कां वारयतिसर्वभूतेषु
चाऽऽत्मानमात्मानमपि सर्वेषु भूतेषु वस्तुतस्त्वहमेवैतेषु
भूतेष्ववस्थितो न मत्तोऽन्यान्येतानि भूतानीत्यर्थः ।
चकारोऽनुपश्यतीति क्रियासमुच्चयार्थः । तद्दर्शनफलमाह-तत
आनन्दात्मा चिदेकरसोऽहमास्मि सर्वाभिन्न इति विज्ञानानन्तरं न
विजुगुप्सते । किमपि न निन्दति स्तुतिनिन्दाशून्यो भवतीत्यर्थः ॥ ६ ॥

तृतीय पाद (तेन त्यक्तेन भुञ्जीथा) का अर्थ कह रहे हैं – **यस्तु**। तु शब्द जगद्-दृष्टि के निवारणके लिये कह रहे हैं। जो विरक्त मुमुक्षु सर्वाणिभूतानि स्पष्ट है (सारे भूतों को) आत्मन्येव इसी ईश्वरस्वरूप आनन्द-आत्मा, स्वयं-ज्योति रूप में ही – आत्मा और ईश्वर के बीच में भेद का निवारण केलिये एव का प्रयोग किया है, अनुपश्यति ईशा वास्यम् इत्यादि श्रवण करने के बाद मुझमें ही यह सारे भूत अध्यस्थ है, ऐसे साक्षात्कार करता है। सारे भूत जो अध्यस्थ हैं, वे आत्मासे अत्यन्त भिन्न हैं, ऐसी शङ्का करने पर उसका निवारण करते हैं –**सर्वभूतेषु** चाऽऽत्मानम् आत्मा को ही समस्त भूतोंमें वस्तुतः मैं ही इन भूतोंमें अवस्थित हुँ, न मेरे से यह सारे भूत कोई अन्य है। च कार अनुपश्यति – इस क्रिया के समुच्चय केलिये कहा गया है। उसके अदर्शन का फल कहते हैं - ततः आनन्द स्वरूप आत्मा चिदेकरस में ही हुँ, सबसे अभिन्न - इस विज्ञान के बाद नविजुगुप्सते किसीकी भी निन्दा या स्तुति से शून्य हो जाता है – यह अर्थ है ॥ ६ ॥

यस्मिन्सर्वाणिभूतानिआत्मैवाभूदि्वजानतः।
तत्रकोमोहःकःशोकएकत्वमनुपश्यतः॥७॥

अत्रोपपत्तिमाह यस्मिनीश्वरस्वरूप आनन्दात्मनि सर्वाणि भूतानि ।स्पष्टम् । आत्मैवाभूत्स्वं स्वं रूपं परित्यज्य कल्पितमकल्पितमानन्दात्मस्वरूपमेवाभूत्। भूतानामानन्दात्मभवने कारणमाह-विजानत ईदात्मकमिदमहमस्मीति विज्ञानवतस्त्रेडात्मविज्ञातृस्वरूपे देशकालवस्तुपरिच्छेदशून्ये । क आक्षेपे । द्वैतभावो मोह आत्मावरणरूपकः क आक्षेपे पूर्ववत् । शोको विक्षेपरूपो दुःखवृक्षस्य बीजस्वरूपः सोऽपि क आवरणविक्षेपयोरभावे स्तुतिनिन्दादिकं दुरापास्तमित्यर्थः । विजानत इतिशब्दार्थमाह- एकत्वमनुपश्यतः । स्पष्टम् । ईश्वरस्वरूपमिदं सर्वमहमस्मीति विजानतः ॥७॥

यहाँ उपपत्ति कहते हैं - यस्मिन् जिस ईश्वर स्वरूप आनन्द आत्मा में सर्वाणि भूतानि - स्पष्ट है - समस्त भूत आत्मैवाभूत् अपने रूप को छोडकर कल्पित अकल्पित आनन्दात्मस्वरूप ही था । भूतों का आनन्दात्म होने में कारण कहते हैं - विजानतः ईश्वरात्मक यह सब

मैं हूँ जानने पर तत्र ईश्वरात्मक आत्मविज्ञाता के स्वरूपमें देश - काल - वस्तु परिच्छेद शून्य में कः क्या है ? - यह आक्षेपात्मक प्रश्नक कर रहे हैं, द्वैतभाव मोहः जो आत्मा का आवरण रूपक है, वह कःशोकः शोक क्या है ? पहले जैसे आक्षेपात्मक प्रश्न कर रहे हैं – विक्षेप-रूप, दुःखरूप वृक्ष के बीजस्वरूपः वह शोक भी क्या है ? ।आवरण और विक्षेप के अभाव में स्तुति-निन्दा आदि दूरसे ही निरस्त हो गये हैं - यह अर्थ है । विजानतः इस शब्द का अर्थ कहते हैं - एकत्वमनुपश्यतः । स्पष्ट है – ईश्वर स्वरूप यह सब मैं ही हुँ यह जानते हुए - एकत्वको देखते हैं ॥७॥

स पर्यगाच्छुक्रमकायमव्रण

मस्नाविरं शुद्धमपापविद्धम् ।

कविर्मनीषी परिभूः स्वयम्भूर्याथातथ्यतो

ऽर्थान्व्यदधाच्छाश्वतीभ्यः समाभ्यः ॥ ८ ॥

आवरणविक्षेपयोरभाव उक्तः सोऽयमनुपपन्न ईश्वरस्याप्यात्मत्वाज्जीववच्छरीरादिसंबन्धः स्यादित्याशङ्कय दृष्टान्ते साध्यवैकल्यं साध्यसमत्वं चाऽऽह-स ईश्वरस्वरूपाभिन्न आत्मा पर्यगात्परितः समन्तादधिगतवान् । शुक्रं दीप्तिमदीट्स्वरूपमहमस्मीति शुक्रविशेषणानि । अकायं कायः सूक्ष्मदेहो न विद्यते यस्य तदकायं तत्र हेतुरव्रणं व्रणश्छिद्रं भेद इत्यर्थः । न विद्यते व्रणो यस्य तदव्रणम् । स्थूले सति सूक्ष्मस्यापि सुसंपाद्यत्वमित्यत आह-अस्नाविरं स्नावानि शिरा न विद्यन्ते यस्य तदस्नाविरं स्थूलशरीररहितमित्यर्थः । स्थूलशरीरराहित्ये हेतुः:- शुद्धं पुण्यपापादिरहितं पुण्यपापादिराहित्ये हेतुरपापविद्धं पापं दुःखहेतुरविद्या न तेन विद्धमपापविद्धं यस्मादेतादृशं शुक्रमहमस्मीति स जीवः पर्यगात्तस्मात्सोऽप्येवंविशेषणो न तद्दृष्टान्तेनेश्वरस्य संसारित्वमित्यर्थः । अनेजदादिरूपं यदुक्तमीट्स्वरूपं तदेवायं जीवोऽधिगन्ता पुंलिङ्गत्वेनोक्तोऽतस्तल्लिङ्गमुररीकृत्याऽऽह-कविः क्रान्तदर्शयहं ब्रह्मात्माऽपेतसमस्ताविद्योऽस्मीतिज्ञानवानित्यर्थः। मनीषी सर्वस्य हृदि सत्त्वेन मनसो नियन्तृत्वात्तदीयाभिप्रायोऽस्यास्तीति मनीषी परिभूः परितः समन्तादभवति-विविधैरूपैरविद्यावशादिति

परिभूरविद्यां वा परिभावयतीति परिभूः स्वयंभूः कारणान्तरनिरपेक्षः स्वयमेव भवतीति स्वयंभूरविद्यादशायां याथातथ्यतः साध्यसाधनादि प्रतिनियतस्वरूपेणार्थश्चेतनाचेतनात्मक

विविधपदार्थान्व्यदधादिवविधं कल्पितवान् । ज्योतिष्टोमेनैव स्वर्गो न कृष्यादिनेत्यादिना   शाश्वतीभ्यः   समाभ्यः संवत्सराभिधाभ्योऽस्मिन्नस्मिन्काल इदमिदं भविष्यतीत्यादिनेत्यर्थः ॥ ८ ॥

आवरण-विक्षेप का अभाव जो कहा गया है, वह अनुपपन्न है – ईश्वरका भी आत्मा होने से जीवके जैसे शरीरादिसे संबन्ध हो ! यह शङ्का करके दृष्टान्त में साध्य न होने तथा साध्य के साथ हेतु का समत्व दिखाकर कहते हैं – सः वह ईश्वर स्वरूपसे अभिन्न आत्मा पर्यगात् चारों औरसे व्याप्त होताहुआ जानाजाता है। शुक्रं दीप्तिमान् ईश्वर स्वरूप में हुँ - यह शुक्र के विशेषण हैं । अकायं काय, सूक्ष्मशरीर जिसका नहिं है जिसका वह अकाय है, उसके हेतु अव्रणं व्रण अर्थात् छिद्र, भेद यह अर्थ है । जिसमें व्रण नहिं है वह अव्रण है । यदि कहें की स्थूल होने पर भी (स्नायु आदिके द्वारा) सूक्ष्म शरीरका अच्छी प्रकारसे सम्पादन करता है – इसपर कहते हैं अस्नाविरं स्नायु समूह अर्थात् शिराएं जिसके नहिं है, वह अस्नाविर अर्थात् स्थूल शरीर रहित है - यह अर्थ है । स्थूल शरीर रहित होनेका कारण- शुद्धं पुण्य – पाप आदि से रहित - पुण्यपापादि राहित्य होने का कारण अपापविद्धं पाप – दुःख की हेतु अविद्या, उससे जो विद्ध नहिं है, वह अपापविद्ध है, क्योंकी मैं इस प्रकार शुद्ध हुँ , इसलिये वह जीव 'पर्यगात्' अर्थात् व्यापक है – ऐसे विशेषण वाले जीवके दृष्टान्तसे ईश्वरका संसारित्व सिद्ध नहिं होता है । अनेजद् आदि रूप जो कहागया है, वह ही ईश्वर स्वरूप को जाननेवाला यह जीव, पुंलिङ्ग (कविः आदि) के द्वारा कहा गया है, इसलिये उस लिङ्ग को हृदयमें रखकर कहते हैं - कविः क्रान्तदर्शी में ब्रह्मात्मा, समस्त अविद्या को त्याग कर अस्मिता मात्र हुँ - ऐसा जाननेवाला हुँ । मनीषी सवके हृदयमें रहनेसे, मनके नियन्ता होनेसे वही अभिप्राय जिसमें है, वह मनीषी । परिभूः विविध रूपों से अविद्या के कारण चतुर्दिग व्याप्त हुआ है इसलिये, अथवा जो अविद्याकी

परिभावना करता है, वह परिभूः स्वयंभूः अन्य कारण निरपेक्ष स्वयं ही होनेवाला, वह स्वयंभू, अविद्या दशामें याथातथ्यतःसाध्य-साधन आदि प्रत्येक नियत स्वरूपसे अर्थान् चेतन, अचेतनात्मक विविध पदार्थोंको व्यदधाद् विविध रूपों में कल्पित किया है । ज्योतिष्टोम ही के द्वारा स्वर्ग - न की कृषि इत्यादि के द्वारा शाश्वतीभ्यः समाभ्यः संवत्सर नामसे जाना जाने वाला इसमें, इस-इस कालमें यह-यह होनेवाला है – इत्यादिके द्वारा यह अर्थ है ॥ ८ ॥

अन्धं तमः प्रविशन्ति ये अविद्यामुपासते ।
ततो भूय इव ते तमो य उ विद्यायां रताः ॥ ९ ॥

इदानी यस्तूक्तमात्मतत्त्वं न जानाति न च संन्यासेऽधिकारी संसारे च नात्यन्तंप्रीतिमांस्तमुररीकृत्य द्वितीयं मन्त्रं चार्थाव्याकर्तुमाह- अन्धं तमः । अहंममाभिमानरूपं प्रविशन्ति प्रकर्षणाधिगच्छन्ति । के, ये धनाभिलाषिणःप्रसिद्धा द्वितीये मन्त्रेऽधिकारिणोऽविद्यां कर्मविधिनिष्पाद्यं ज्योतिष्टोमादि उपासते तदेकनिष्ठाः सन्तो विद्यामनुतिष्ठन्ति । ननु तर्हि त्याज्यं कर्मोपास्याश्च देवता अथवाऽहं ब्रह्मास्मीति वक्तव्यमित्यत आह-ततस्तस्मादुक्ताद्भूयइवाधिकमिव ते देवतोपासका मुखतो ब्रह्मवादिनो वाऽनुत्पन्नसाक्षात्काराकर्मत्यागिनस्तमोऽहंममाभिमानरूपं प्रविशन्तीत्यनुषङ्गः । य उ ये तु विद्यायां देवताज्ञाने केवल आत्मज्ञाने वा रतास्तदेकनिष्ठाः ॥ ९ ॥

अब जो उस कहेगये आत्मतत्त्वको न जानता है और न संन्यासमें भी अधिकारी है, संसारमें भी अत्यन्त प्रीति न रखनेवाला हैं, उसको हृदय में रखकर द्वितीय मन्त्र का अर्थ भी व्याख्यान करने के लिये कहते हैं - अन्धंतमः । अहं, मम अभिमान रूपको प्रविशन्ति अच्छी प्रकारसे प्राप्त करते हैं । कौन ? ये जो धनाभिलाषी हैं, द्वितीय मन्त्रमें प्रसिद्ध अधिकारी हैं, अविद्यां कर्मविधि को करनेवाले ज्योतिष्टोम आदि उपासते उपासनामें एकनिष्ठ होकिर विद्या का अनुष्ठान करते हैं । यदि कहो फिर कर्म और उपास्य देवता त्याज्य हैं, अथवा अहं ब्रह्मास्मि – यही कहना चाहिये – इस पर कहते हैं – ततः इसलिये जो कहे गये हैं, उनसे भूय इव अधिक ते देवता के जो उपासक हैं, उपरसे

ही ब्रह्मवादी हैं, अथवा जिनका साक्षात्कार उत्पन्न नहीं हुआ है, उन कर्मत्यागियों तमः अहं मम के अभिमानरूप (तममें) 'प्रविशन्ति' प्रवेश करते हैं - यह जोड देना चाहिये यउ पर जो विद्यायां देवता ज्ञानमें अथवा केवल आत्मज्ञानमें रताः एकनिष्ठ हैं ॥ ९ ॥

अन्यदेवाहुर्विद्यया अन्यदाहुरविद्यया ।
इति शुश्रुम धीराणां ये नस्तद्विचचक्षिरे ॥ १० ॥

ननूभयोनिन्दायामुभयमप्यफलमित्यत आह-अन्यदेव । कर्मणः फलात्पितृयाणलक्षणात्पृथगेव देवयानलक्षणमात्मप्राप्तिलक्षणं वा । अन्यच्छब्देनसफलत्वमेवशब्देनाङ्गाङ्गिभावनिषेध आहुः कथयन्ति । विद्यया देवताज्ञानेनाऽऽत्मज्ञानेन वाऽन्यदिवद्याफलात्पृथग्भूतम् । अत्रैवकाराभावादात्मज्ञानोत्पादकत्वमपि कर्मणामवगम्यते । आहुः कथयन्त्यविद्यया द्वितीयमत्रोक्तेनकर्मणेत्यस्ति विद्याकर्मणोः फलम् । नचात्राङ्गाङ्गिभावोऽपि शङ्कनीयः । अन्यदन्यच्च तदित्यनेन प्रकारेण शुश्रुम श्रुतवन्तः । मन्त्रद्रष्टुरिदं वाक्यम् ।

धीराणां पूर्वोत्तरतन्त्रन्यायकुशलानां वेदविदाम् । तानाह-ये गुरवो नोऽस्म-

भ्यमेतद्ब्रह्म कर्मसहितं विचचक्षिरे व्याख्यातवन्तः ॥ १० ॥

यदि कहो कि मन्त्र में उभय (विद्या और अविद्या) की निन्दा की गयी है। इसलिये उभय ही फलरहित है – इसपर कहते हैं – 'अन्यदेव' । (अविद्या) कर्मके फलसे - पितृयान के लक्षणसे पृथक् ही, देवयान का लक्षण या आत्मप्राप्ति का लक्षण है। अन्यत् शब्दसे सफलत्व और एव एव शब्दसे अङ्ग-अङ्गिभाव का निषेध (केवल कर्म) आहुः कहते हैं - विद्यया देवताज्ञान या आत्मज्ञान अन्यद् विद्या के फलसे पृथक् भूत (कर्म=अविद्या के फल हैं) - यहाँ एवकार के अभाव होनेसे (अन्यदाहुरविद्यया) आत्मज्ञान का उत्पादकत्व भी कर्मों के बताते हैं (अगर उपासना के साथ कर्म किया जाय) । आहुः कहते हैं अविद्यया द्वितीय मत्रके द्वारा कहे गये कर्मसे विद्याकर्मके फल पृथक् है । यहाँ पर भी अङ्ग-अङ्गि भाव की शङ्का नहिं करनी चाहिये (यहाँ भी उपासना और कर्म दोनों मुख्य हैं) । वह भी अन्य है इति इस प्रकारसे शुश्रुम हमने श्रवण किया है । मन्त्रद्रष्टा के यह वाक्य हैं । धीराणां

पूर्व और उत्तर मीमांसा, न्याय में जो कुशल हैं उन वेदके जाननेवालों को । उनको कहते हैं - येगुरुओंने नः हमें तद् उस ब्रह्म का कर्मसहित विचचक्षिरे व्याख्या किये थे ॥ १०॥

विद्यांचाविद्यांचयस्तद्वेदोभयंसह।
अविद्ययामृत्युंतीर्त्वाविद्ययामृतमश्नुते॥११॥

एवं पक्षं द्वयं च द्विविधं विदित्वा वैधत्वादिना सफलं चाभिधायेदानी देवताज्ञानस्य शाब्दस्य वा ब्रह्मज्ञानस्य कर्मणा सह समुच्चयमाह-विद्यां च देवताज्ञानं कोमलं ब्रह्म-ज्ञानं वा । अविद्यां च द्वितीयमन्त्रोक्तानि कर्माणि । चकारावुपायोपेयभावेन समुच्चयायौं । यः संजातवैराग्यः कर्म परित्यक्तुमशक्तोऽन्तरालावस्थस्तत्कर्म ज्ञानं च वेद जानाति। उभयमुक्तमुपायोपेयभावेन सह कर्मोपायो ब्रह्मज्ञानमुपेयमिति मिलितम् । एवमुपायोपेय ज्ञानवतः फलमाह- अविद्यया द्वितीयमन्त्रोक्तेनकर्मज्ञानेन संयोगपृथक्त्वन्यायेन मृत्युमात्मज्ञानोत्पादप्रतिबन्धकं स्वाभाविककर्म ज्ञानं च दुःखकारणं तीर्त्वाऽस्तम ज्ञानोत्पादेनातिक्रम्य विद्ययाऽहं ब्रह्मास्मीति साक्षात्कारेणामृतं ब्रह्मात्मत्त्वमश्नुते व्याप्नोति स एव भवतीत्यर्थः । यदा तु ज्ञानकर्मणोरेव समुच्चयो नतु तज्ज्ञानयोस्तदोपायोपेयशब्दौ विहायाऽस्तमज्ञानशब्दस्थले च देवताज्ञानमिति शब्दं पठित्वा-- आभूतसंप्लवं स्थानममृतत्वं हि भाष्यत इति न्यायेनामृतं ब्रह्मलोकमिति व्याकुर्यात् ॥ ११ ॥

इस प्रकार दोनों पक्षों को दो प्रकार जानकर वैध्यत्व आदिसे सफलत्व होना बतानेके बाद अभी देवताज्ञानका और शाब्दब्रह्म के ज्ञानका कर्मके साथ समुच्चय बतलाते हैं - विद्यां च देवताज्ञान अथबा कोमल ब्रह्मज्ञान । अविद्यांच द्वितीय मत्रोक्त कर्म । चकारद्वय का उपाय-उपेयभावसे समुच्चय है । यः जिनका वैराग्य जात हो गया है, तथा कर्म को परत्याग करनेमें अशक्त हैं, अन्तराल अवस्था में हैं, वे तत् कर्म और ज्ञान को वेद जानते हैं । उभयम् कहे गये वे दोनों उपाय-उपेयभावसे सह कर्म - उपाय तथा ब्रह्मज्ञान - उपेय इस तरह मिला हुआ । इस प्रकार उपाय-उपेयज्ञानवान् का फल कहते हैं - अविद्यया द्वितीयमत्रोक्त कर्म और ज्ञानके साथ संयोग-पृथक्त्व न्यायसे मृत्युम्

आत्मज्ञानोत्पाद प्रतिबन्धक, दुःख के कारण स्वाभाविक कर्म और ज्ञान को तीत्र्वा आत्मज्ञान उत्पन्न होनेसे अतिक्रम करके विद्यया में ब्रह्म हूँ - इस साक्षात्कारके द्वारा अमृतं ब्रह्मात्मत्व अश्नुते प्राप्त करता है - वही हो जाता है । पर जब ज्ञान तथा कर्म का समुच्चय न कि उन ज्ञानोंका समुच्चय कहा जाय, तब उपाय - उपेय शब्दों को छोड़कर आत्मज्ञान शब्दस्थलमें भी देवताज्ञान इस शब्दको पढकर आभूतसंप्लव स्थान अममृतत्वको ही कहते हैं - इस न्यायसे अमृत यह ब्रह्मलोक है - ऐसे अर्थ करना चाहिए ॥ ११ ॥

अन्धंतमःप्रविशन्तियेऽसम्भूतिमुपासते ।
ततोभूयइवतेतमोयउसम्भूत्यांरताः॥१२॥
अन्यदेवाहुःसम्भवादन्यदाहुरसम्भवात् ।
इतिशुश्रुमधीराणांयेनस्तद्विवचचक्षिरे॥१३॥
सम्भूतिंचविनाशंचयस्तद्वेदोभयंसह ।
विनाशेनमृत्युंतीत्र्वासम्भूत्यामृतमश्नुते॥१४॥

इदानी व्याकृताव्याकृतयोरुपासनस्य समुच्चयार्थमाह-अन्धं तमः प्रविशन्तियेऽसंभूतिमुपासते । ततो भूय इव ते तमो य उ संभूत्यां रताः। अन्यदेवाऽऽहुः० अश्नुते । संभूतिम् । संभूतिः सम्यग्भवनमुत्पत्तिर्यस्य तत्कार्य संभूतिः । तद्व्यतिरिक्तामव्याकृतरूपामसंभूति कारणं संभूत्यां कार्य व्याकृते संभवाद्व्याकृतोपासनादसंभवादव्याकृतोपासनात्संभूतिमव्याकृतं विनाशेन विनाशवतः

कार्यस्योपासनेन संभूत्या सम्यग्भवति यस्मात्कार्य तत्कारणमव्याकृतं संभूति-
स्तदुपासनेन शेषं कर्म देवताज्ञानसमुच्चयवन्मन्त्रत्रयेऽपि व्याख्येयम् ॥१२॥॥१३॥१४॥

अब व्याकृत और अव्याकृत उपासनाका समुच्चय अर्थ कह रहे हैं - अन्धं तमः प्रविशन्तियेऽसंभूतिमुपासते । ततो भूय इव ते तमो य उ संभूत्यां रताः। अन्यदेवाऽऽहुः० अश्नुते ।संभूतिम् । संभूति, सम्यक् रूपसे होना, जिसकी 'उत्पत्ति' होती है, वह 'कार्य', संभूति है । उससे व्यतिरिक्त अव्याकृत-रूप जो असंभूति अर्थात् 'कारण' है । उस संभूति

रूप अर्थात् व्याकृत कार्यमें – सम्भवसे अर्थात् व्याकृत उपासनासे, असंभवसे – अर्थात् अव्याकृत अर्थात् विनाशेन 'विनाश'वाले कार्यके उपासनाके द्वारा **संभूत्या** सम्यक् भवति यस्मात् – इस विग्रह सेजिससे कार्य सम्यक् प्रकारसे होता है, उस अव्याकृत कारण को 'संभूति' कहते हैं – उस उपासनासे शेष कर्म देवता ज्ञान समुच्चय वाला (फल मिलआ है – ऐसे) तीनों ही मन्त्रों में व्याख्यान करना चाहिये ॥१२॥॥१३॥१४॥

हिरण्मयेन पात्रेण सत्यस्यापिहितं मुखम् ।

तत्त्वं पूषन्नपावृणु सत्यधर्माय दृष्टये ॥ १५ ॥

कार्यकारणात्मादित्यमण्डलस्था पुरुषः समुच्चयद्वयेनापि संप्राप्योऽतस्तत्प्रार्थनामन्त्राः - हिरण्मयेन । सुवर्णविकारेणेव ज्योतिर्मण्डलेन पात्रेण शरावसदृशेनघटस्येव सत्यस्य बाधरहितस्यापिहितमाच्छादितं मुखं प्रतीकं प्रधानभूतं तद्धिरण्मयं पात्रं त्वं कार्यकारणात्मा पूषन्हे पुष्टिकारिनपावृणवपसारय । अपसारणे कारणमाह-सत्यधर्मायावितथभावाय भवते दृष्टये दर्शनार्थ तव दर्शनार्थमित्यर्थः ।। १५॥

कार्यकारणत्मक आदित्यमण्डलस्थ पुरुष समुच्चयद्वयसे भी भली भाँति प्राप्त करने योग्य है । इसलिये उसके प्रार्थना मन्त्र - हिरण्मयेन । सुवर्ण के विकार ज्योतिर्मण्डल पात्रेण शरावसदृश घटके जैसे सत्यस्य बाध रहित अपिहितं आच्छादित मुखं प्रतीक प्रधानभूत तद्हिरण्मय पात्र त्वं कार्यकारणात्मा **पूषन्** हे पुष्टिकारी अपावृणु अपसारण करें । अपसारणमें कारण कहते हैं – सत्यधर्माय उससे अन्यभाव न होकर आपके दृष्टये दर्शनार्थ तुम्हारे दर्शन के लिये य अर्थ ॥१५॥

पूषन्नेकर्षे यम सूर्य प्राजापत्य व्यूह

रश्मीन्समूह तेजो यत्ते रूपं कल्याणतमं

तत्ते पश्यामि योऽसावसौ पुरुषः सोऽहमस्मि ॥ १६ ॥

इदानी तत्संबोधनानि कार्यान्तरार्थं पूषन्हे पूषन्नेकर्षे एकश्चासावृषिश्चैकर्षीस्तत्संबोधनमेकर्ष एकाकित्वेन गन्तः । यम हे नियन्तः । सूर्य हे सुष्ठुगमनप्राजापत्य हे प्रजापतेरपत्यभूत । इदानी कार्यमाह-व्यूह, उपसंहर रश्मीन्किरणान्समूह सम्यक्स्वात्ममात्रं कुरु तेजश्चन्द्रमण्डलम् । तत्रापि प्रयोजनमाहयत्प्रसिद्धं ते तव रूप

स्वयंज्योतिःस्वभावं कल्याणतममतिशयेन कल्याणमा-
नन्दात्मरूपं तदुक्तं ते तत्र पुनस्तेशब्द उपचार निवारणार्थः ।
पश्यामिसाक्षात्करोमि। द्रष्टृदृश्यप्रयुक्तं भेदं वारयति-यः
प्रसिद्धोऽसावादित्यमण्डलस्थः परोक्षोऽसौ शास्त्रदृष्ट्या प्रत्यक्षः पुरुषः
परिपूर्णः स उक्तो यः प्रसिद्धः स एवाहमस्मत्प्रत्ययालम्बनोऽस्मि
भवामि ॥ १६ ॥

अब उसी तत् पदार्थको अन्य कार्यके लिये सम्भोधन कर रहे हैं -
पूषन् हे पूषन् **एकर्षे** एक होते हुए जो ऋषि भी है, वह एकर्षी उनका
संबोधन 'एकर्षे' एकाकि होकर जाते हुए । **यम** हे नियन्ता । **सूर्य** हे
सम्यक् प्रकारसे गमन करनेवाले **प्राजापत्य** हे प्रजापति के वंशज !
अब कार्य कहते हैं - **व्यूह**, उपसंहार करें **रश्मीन्** किरणों को समूह
सम्यक् रूपसे अपना लीजिए **तेजः** चन्द्रमण्डलको । उसका भी प्रयोजन
कहते हैं **यत्** प्रसिद्धं ते आपका **रूपं** स्वयंज्योति स्वभाव कल्याणतमम्
अतिशय कल्याण - आनन्दात्मरूप **तद्** जो कहा जा चुका है उसका, **ते**
वहाँ पुनः ते शब्द उपचार (पूजा आदि) के निवारण के लिये प्रयोग किया
गया है, पश्यामि मेंसाक्षात् करुँगा । द्रष्टा और दृश्य प्रयुक्त भेद का
वारण करते हैं - यः प्रसिद्ध असौ आदित्यमण्डलमें स्थित जो परोक्ष है
असौ शास्त्रदृष्टिसे प्रत्यक्ष है पुरुषः परिपूर्ण सः उक्त जो प्रसिद्ध है, वह
ही अहं अस्मत् प्रत्यय का आलम्बन अस्मि में हुँ ॥ १६ ॥

वायुरनिलममृतमथेदं भस्मान्तं शरीरम् ।
ओं क्रतो स्मर कृतं स्मर क्रतो स्मर कृतं स्मर ॥ १७ ॥

एते मन्त्रा हिरण्मयेनेत्यारभ्य पठिताः
समुच्चयानुष्ठायिनाऽसकुन्नित्यं पठनीयाः । अन्तकाले तु
सर्वार्थानुसंधानपुरःसरमात्मानमादित्यरूपं ध्यात्वा वायुः
प्राणरूपोऽनिलं बाह्यवायुं यात्विति शेषः । अमृतमानन्दात्मरूपं
सोऽहमस्मीति पूर्वेण संबन्धः । अथ वायुनिर्गमनानन्तरमिदं प्रत्यक्षं
भस्मान्तम् । भस्मान्ते यस्मात्तद्भस्मान्तं शरीरं स्थूलं पार्थिवं पृथिवीं
यात्विति शेषः। ॐ ॐ काराभिधेये शाभिन्नाऽस्तमन्नादित्य क्रतो
संकल्पात्मन्स्मर मां त्वदुपासकं स्मर कृतं मयाऽनुष्ठितं ज्ञानं कर्म च
स्मर । स्पष्टम् । क्रतो आदित्याभिन्नसंकल्पात्मन् । हे जीवाऽस्तमानं

स्मर स्पष्टम् । आत्मना कृतं स्मर ॥ १७॥

हिरण्मयेन से आरम्भ करके ये सारे मन्त्र जो पढे गये हैं, समुच्चय अनुष्ठान करनेवालों के द्वारा बारबार पाठ कराने योग्य हैं । पर अन्तकालमें सभी अर्थ अनुसंधान पूर्वक स्वयं को आदित्यरूप ध्यान करके वायुः प्राणरूप अनिलं बाह्यवायु को प्राप्त करे - यह जोडना चाहिये । अमृतम् आनन्दात्मरूप वह मैं हुँ – इस प्रकार पहलेके साथ संबन्ध है । अथ वायु निर्गमन के अनन्तर इदं प्रत्यक्ष यह भस्मान्तम् - भस्म में जिसका अन्त है, उसमें क्योंकी भस्मान्त शरीरं स्थूल पार्थिव पृथिव को प्राप्त हो – यह जोडना चाहिये । ॐ ॐ कार अभिधेय ईशाभिन्न आत्मा आदित्य, क्रतो संकल्प वाला आत्माको स्मर मुझे तो तुम्हारे इस उपासक को स्मर कृतं मेरे द्वारा अनुष्ठितं ज्ञानं और कर्म को स्मर । स्पष्ट है (स्मरण करो) । क्रतो आदित्य से अभिन्न संकल्पात्मन् । हे जीवाऽऽऽत्मा ! स्मर स्पष्ट है । आत्मा के द्वारा कृतं स्मर ॥ १७॥

अग्ने नय सुपथा राये अस्मान्विश्वानि देव वयुनानि विद्वान् ।
युयोध्यस्मज्जुहुराणमेनो भूयिष्ठां ते नमउक्तिं विधेम ॥ १८ ॥

उपास्यां देवतां संपार्थ्य कर्मसाधनभूतां देवतां प्रार्थयते-अग्ने हेऽग्नेनय प्रापय सुपथा सम्यङ्मार्गेण राये सुवर्णार्थ कर्मफलभूतायेत्यर्थः ।

अस्मान्समुच्चयानुष्ठातृन्विश्वानि सर्वाणि देव हे देव वयुनानि ज्ञानानि विद्वाञ्जानन्युयोधि वियोजयास्मदुपासकेभ्यो जुहुराणं कुटिलमेनः पापं भूयिष्ठामतिशयेनाधिका ते तुभ्यं नमउक्तिं नमस्कारोक्ति विधेम विधास्यामः सर्वदाकुर्म इत्यर्थः ॥ १८ ॥

उपास्य देवताको अच्छी प्रकारसे प्रार्थना करके कर्मसाधनभूत देवताओंको प्रार्थना करते हैं - अग्ने हे अग्नि ! नय पहुँचाइए सुपथा सम्यक् मार्गसे राये कर्मफलभूत सुवर्णके लिये यह अर्थ है ।अस्मान् समुच्चय अनुष्ठाताओंको विश्वानि समस्त देव हे देव ! वयुनानि ज्ञानोंको विद्वान्जानन्युयोधि अच्छी प्रकारसे योग कराईये अस्मद् उपासकों के साथ जुहुराणं कुटिल एनः पापं भूयिष्ठाम् अतिशय अधिक ते तुमको नमउक्तिं नमस्कार वचन विधेम विधास्यामः सर्वदाकरते हैं

– यह अर्थ है ।। १८ ।

समाप्त

इति श्रीशंकरानन्दकृतेशावास्यदीपिका संपूर्णा ॥
इति श्रीशंकरानन्द कृत ईशावास्य दीपिका संपूर्ण हुआ ॥

www.ingramcontent.com/pod-product-compliance
Lightning Source LLC
Chambersburg PA
CBHW020948160726
47993CB00007B/2986